EL PRINCIPIO DE LOS

avestruces BEBÉS

KIM THOMPSON

CREATIVE EDUCATION • CREATIVE PAPERBACKS

CONT

ENIDO

SOY UN POLLUELO.

Soy un avestruz bebé.

Mis alas no son para volar. Los avestruces son aves no voladoras.

Mi papá cavó un nido en el suelo. Mi mamá puso los huevos adentro.

Después de 40 días, salí del cascarón. En solo unos pocos días, estuve listo para alejarme del nido.

Vivo en África con mi bandada.
Caminamos por la sabana.
Buscamos hojas, semillas, insectos
y lagartijas para comer.

El sol calienta mucho. Me quedo a la sombra de mi mamá.

Para cuando tenga dos años, seré adulto.

Si hay peligro, me defiendo. Mi patada es lo suficientemente fuerte como para matar.

¡Puedo correr tan rápido como un automóvil!

HABLA Y ESCUCHA

¡CRU

AAAC!

¿Puedes hablar como un polluelo? Los avestruces bebés chirrían y trinan.

Escucha estos sonidos: https://www.youtube.com/watch?v=cZ00FItTmwc

¡Ahora es tu turno!

PALABRAS DE POLLUELO

bandada: un grupo de aves que viajan juntas

no volador: que no puede volar

pico: la mandíbula córnea y puntiaguda de un ave

salir del cascarón: romper el cascarón de un huevo para nacer

ÍNDICE ALFABÉTICO

PUBLICADO POR CREATIVE EDUCATION Y CREATIVE PAPERBACKS
P.O. Box 227, Mankato, Minnesota 56002
Creative Education y Creative Paperbacks son sellos editoriales de The Creative Company
www.thecreativecompany.us

CATALOGING-IN-PUBLICATION DATA ESTÁ DISPONIBLE EN LIBRARY OF CONGRESS
LCCN: 2024053906
Library Binding ISBN: 9798889898580
Paperback ISBN: 9781682778982
eBook ISBN: 9798889899372

DISEÑO Y PRODUCCIÓN
Diseño por Rhea Magaro
Producción de Beeline Media and Design, Inc.
Dirección artística de Tom Morgan

FOTOGRAFÍAS de Alamy Stock Photo/Ann and Steve Toon, 2-3, Scott Hurd, 9; Dreamstime/Gueret Pascale, 6-7, Iuliia Ariukh, portada, Natalia Golovina, 11; Getty Images/Mike Powles, 10-11; Shutterstock/ABCDstock, 11, Bohbeh, 13, Eric Isselee, 5, GeorgiaaaB, 7, IZAN IS, 12, Jacky Photographer, 4, nadi555, 14, Toomko, 8

Impreso en los Estados Unidos de América